AF555731

PARIS A PÉKIN,

OU

LA CLOCHETTE DE L'OPÉRA-COMIQUE,

PARODIE-FEERIE-FOLIE EN UN ACTE ET EN VAUDEVILLES,

PAR MM. DÉSAUGIERS, D'ARTOIS ET ***;

REPRÉSENTÉE, POUR LA PREMIÈRE FOIS, SUR LE THÉATRE DU VAUDEVILLE, LE 27 NOVEMBRE 1817.

Escamoter sans cesse
De l'or, des places, des honneurs,
Voilà, voilà l'adresse
Des grands escamoteurs.

AZOLIN, *scène dernière.*

SECONDE ÉDITION.

PRIX : 1 fr. 25 c.

A PARIS,

CHEZ BARBA, Libraire, Palais-Royal, derrière le Théâtre Français, n°. 51;
MARTINET, Libraire, rue du Coq Saint-Honoré, n°. 13 et 15.

C. BALLARD, IMPRIMEUR DU ROI,
rue J.-J. Rousseau, n°. 8.

1817.

PERSONNAGES.		ACTEURS.
ARLEQUIN,		M. LAPORTE.
MERCURE,		Mlle. CLARA.
LUCIFER,	*Personnages de*	Mme. PERRIN.
AZOLIN,	*LA CLOCHETTE.*	M. JOLY.
PALMIRE,		Mlle. MINETTE.
L'ASSURANCE,		M. PHILIPPE.
L'INTRIGANTE,		Mme. ST.-AULÈRE.
L'HOMME GRIS,		M. EDOUARD.
MILORD DESGUINÉES,		M. GONTHIER.
COLOMBINE,		Mlle. BETZI.
JEAN,		M. GUÉNÉE.

DANAÏDES.
BOUQUETIÈRES.
ESCAMOTEURS.
Suite D'ARLEQUIN.

La Scène est à Pékin.

Pour éviter les contrefaçons, les exemplaires seront signés.

PARIS A PÉKIN,

OU

LA CLOCHETTE DE L'OPÉRA - COMIQUE.

Le théâtre représente la cour d'une maison de commerce à Pékin. Plusieurs ballots sont sur la scène. On voit dans le fond une pagode.

SCÈNE PREMIÈRE.

ARLEQUIN, JEAN, EMBALLEURS.

ARLEQUIN.

Allons, allons, emballez-moi toutes ces marchandises chinoises.

CHOEUR.

Air : *du vaudeville de Madame Favart.*

Préparons,
Emballons,
Et point de méprises.
Que chaque paquet
Ait son adresse et son cachet;
Et soudain,
De Pékin,
Que ces marchandises
Partent pour Paris,
Et s'y vendent à juste prix.

ARLEQUIN.

Je vous envoie à ma femme,
Porcelaines et nankin;
Je voudrais, au fond de l'âme,
Partager votre destin.
Vous verrez ma Colombine;
En partant aussi, ma foi,
Ces magots de la Chine
Sont plus heureux que moi.

CHOEUR.

Préparons,
Emballons, etc. *(Les emballeurs sortent.)*

ARLEQUIN.

Cette pauvre petite femme que j'ai laissée, il y a trois ans à Paris, après cinq mois de mariage, et sans un seul enfant pour la distraire en mon absence! elle doit bien s'ennuyer, si c'est toujours de même; heureusement elle est marchande de nouveautés dans la rue Vivienne, et c'est un quartier où les femmes trouvent beaucoup de distractions...

JEAN.

Monsieur Arlequin, voilà, je crois, vos marchandises emballées comme vous me l'avez ordonné.

ARLEQUIN.

C'est bien, Jean, c'est fort bien... Oh! je ne tarderai pas à revoir Paris... il n'y en a qu'un au monde, et il y a tant de Pékin!...

JEAN.

Il ne manque plus que votre fidèle messager.

ARLEQUIN.

Mon petit Mercure?

JEAN.

Sans doute : qui en un clin-d'œil pourra vous transporter toutes vos marchandises de Pékin à Paris, franc de port et d'accident.

ARLEQUIN.

Oui; depuis qu'il est à mon service, il me sert comme un dieu.

Air *de l'Auberge de Bagnères.*

Il est fils, cousin ou neveu
De ce Mercure qu'on encense
Comme l'appui, comme le dieu
Du commerce et de l'éloquence;
Des voleurs, ou prenans ou pris,
On le dit aussi la ressource.....
Et je le connus à la Bourse,
Au Palais-Royal, à Paris.

Je l'attends; il est parti ce matin pour Paris, d'où il doit me rapporter une collection de journaux.

JEAN.

Pour vous amuser.

ARLEQUIN.

Que tu es bête?.. Est-ce que?.. Non; mais pour me mettre au fait des curiosités, folies, tragédies, comédies, parodies, et cætera, et cætera, qui se trouvent aujourd'hui à la mode dans cette belle ville.

JEAN.

Depuis trois ans?...

ARLEQUIN.

Ainsi que des nouvelles littéraires et politiques...

JEAN.

Quel paquet ça va faire!...

MERCURE, *dans les airs, mais qu'on ne voit pas.*

Qui est-ce qui veut du curieux? qui est-ce qui veut du nouveau? Voilà! voilà! voilà!

ARLEQUIN.

C'est la voix de mon petit Mercure. (*Regardant en l'air.*)

Air : *Gai, gai, mariez-vous.*

Oh! oh!
Oh! qu'il est haut!
C'est qu'il vole
Comme Eole;
Oh! oh!
Oh! qu'il est haut!

JEAN.

S'il allait faire le saut!
Il vole au d'ssus des humains
Avec les pieds et la tête,
Et c'est toujours plus honnête
Que d' voler avec les mains.

ENSEMBLE.

Oh! oh!
Oh! qu'il est haut!
C'est qu'il vole
Comme Eole.....
Oh! oh!
Oh! oh! qu'il est haut!
S'il allait faire le saut!

(*Une pluie de journaux tombe du ciel.*)

ARLEQUIN.

Sangodémi! est-ce qu'une baguette magique nous aurait invisiblement transportés à Paris?... il nous pleut des journaux.

JEAN.

C'est vrai.

ARLEQUIN.

Mais quel plaisir, quand j'y pense.

Air : *Va t'en voir.*

Dans l'instant j'en recevrai
Un recueil immense,
Et dans leurs récits j'aurai
Pleine confiance;

On peut croire aveuglément
Tout ce qu'ils contiennent,
Va-t'en voir s'ils viennent,
Jean;
Va-t'en voir s'ils viennent.

JEAN, *allant et revenant sur-le-champ*,

Pas encore, Monsieur Arlequin; mais ça ne peut pas tarder.

ARLEQUIN.

Ils devraient déjà être ici. (*Lisant un journal.*) Que vois-je!.. « Melpomène vient de perdre son plus cher favori ». Comment! le plus grand acteur tragique de Paris serait mort! Ce serait une grande perte pour la province.... Article spectacle... Ah!.. ah!..

Même air.

Au Vaudeville, ce soir,
Un nouvel ouvrage
Se joue, et donne l'espoir
D'un succès de rage.
Grâce, esprit, gaîté, talent,
Dit-on, le soutiennent...
Va-t'en voir s'ils viennent,
Jean;
Va-t'en voir s'ils viennent.

JEAN.

Ah! pour le coup, le voici, le voici!

SCÈNE II.

ARLEQUIN, MERCURE, JEAN.

MERCURE.

Air : *Je suis Madelon Friquet.*

Voici Mercure cadet,
Grand nouvelliste
Et publiciste;
Voici Mercure cadet,
Chargé d'esprit comme un baudet.
Drame, tragédie, opéra,
Lois, politique,
Arrêts, critique,
Tout ce qu'on voudra
Est-là (*montrant les paquets de journaux*).
Voici Mercure cadet,
Grand publiciste
Et nouvelliste;
Voici Mercure cadet,
Chargé d'esprit comme un baudet.

JEAN.

Vous voilà donc de retour, monsieur Mercure, de France?

ARLEQUIN.

Et ma femme?

MERCURE.

Votre femme?

ARLEQUIN.

Oui ; l'avez-vous vue?

MERCURE.

Je me suis présenté chez elle de trop bonne heure.

ARLEQUIN.

Oh! la pauvre petite dormait encore?

MERCURE.

Non : elle n'était pas encore rentrée.

ARLEQUIN.

Pas encore rentrée!... et d'où donc?

MERCURE.

Elle était allée hier voir la Clochette ; de là, souper en ville ; de là, danser à un bal ; et de là...

ARLEQUIN.

De là, de là... il ne sortira pas de là. Et qu'est-ce que cette Clochette que madame Arlequin est allée voir?

MERCURE.

Air : *Si Dorilàs.*

Cette clochette, en miracles féconde,
Dans un instant vous transporte un mortel
Du sud au nord, de la terre sur l'onde,
De l'est à l'ouest et de l'enfer au ciel.
Cette clochette, heureuse autant que chère,
Donne de plus, je vous le dis tout bas,
Beaucoup d'argent à ceux qui n'en ont guère,
Beaucoup d'argent à ceux qui n'en font pas.

ARLEQUIN.

Sangodémi! une clochette qui vous fait voyager et vous enrichit comme on boit un verre d'eau... ; mais, mon ami, c'est un trésor pour un commerçant. Il me faut cette clochette-là.

MERCURE.

Comment?

ARLEQUIN.

Il me la faut ; il me la faut.

MERCURE.

Mais cette clochette n'est pas à moi.

ARLEQUIN.

N'es-tu pas le dieu des voleurs? vole!

MERCURE.

Quoi! tout de suite?...

ARLEQUIN.

A l'instant même.

MERCURE.

AIR *d'Ambroise.*

Vraiment, vous ne m'épargnez guère,
Mais il faut bien vous satisfaire. (*Il s'enfonce.*)

ARLEQUIN.

Es-tu parti? vas-tu grand train?
Arrives-tu? reviens-tu?... hein!
Je crois qu'il s'amuse en chemin.
Pour franchir lestement l'espace,
Il a mille et mille moyens;
Ah! reviens donc! reviens de grâce!

MERCURE, *avant de paraître.*

Oui, je reviens.

ARLEQUIN.

Quoi, tu reviens?
Monte vîte que je t'embrasse,
Et la clochette?

MERCURE, *descendant du ciel.*

Oh! je la tiens!

ARLEQUIN, *la prenant.*

Oh! je la tiens!

Mais tu as donc fait le tour du monde?

MERCURE.

J'ai été comme le vent.

ARLEQUIN.

Apparemment qu'il n'en fait pas; mais c'est égal, la voilà. Oh! que je suis content!...

MERCURE.

Ne sonnez pas encore, il faut que je vous parle.

ARLEQUIN, *la prenant par le battant.*

Tu vois bien que je lui tiens la langue; elle ne parlera pas; mais dis-moi donc comment tu es parvenu à t'en emparer; cela n'a pae été sans peine; n'est-ce pas?

MERCURE.

Au contraire; je n'ai eu qu'à me baisser et prendre.

ARLEQUIN.

Bah!

MERCURE.

Elle était dans un coin où personne ne pensait à elle.

ARLEQUIN.

Quoi! la précieuse clochette?

MERCURE.

Précisement.

ARLEQUIN.

Abandonnée de cette manière ?

MERCURE.

Comme le programme d'une pantomime ou un Moniteur de la veille.

ARLEQUIN.

Il faut convenir que cela est bien maladroit.

MERCURE.

Quand Azolin eût été votre meilleur ami, il ne vous eût pas mieux servi.

ARLEQUIN.

AIR : *On y va.*

Il faut que je t'embrasse,
Ami, sois bien certain
D'une éternelle place
Dans le cœur d'Arlequin.
Un tel don, ce me semble,
Mérite bien cela.

(En embrassant Mercure, il agite involontairement la clochette.)

Ciel ! j'ai sonné... Je tremble !...

LUCIFER, *sortant de la muraille.*

Me voilà ! me voilà !

ARLEQUIN.

On a parlé... je tremble...

LUCIFER.

Me voilà ! me voilà !
Me voilà ! me voilà !

SCÈNE III.

ARLEQUIN, LUCIFER, MERCURE.

LUCIFER, *à Arlequin, qui lui tourne le dos en tremblant.*

Eh bien ! tu as peur de moi ?

ARLEQUIN.

Je suis sûr qu'il a des griffes de tigre, des cornes de cerf, des ailes de chauve-souris, et une tête noire... Ah !... *(Il frissonne.)*

MERCURE.

Allons donc, un peu de courage

LUCIFER.

Tiens, touche ma main. *(Il lui prend la main.)*

ARLEQUIN.

Oh ! là là... çà brûle !

LUCIFER.

Poltron, regarde-moi !

ARLEQUIN.

Oui, pour me crever les yeux.

LUCIFER.

Regarde-moi donc !

ARLEQUIN.

Allons, j'en risque un ! (*Il se bouche un œil.*) Eh ! mais !... non, non... il n'est pas si laid... il n'est même pas laid du tout.

LUCIFER.

Commences-tu à t'accoutumer à me voir ?

ARLEQUIN.

Oui vraiment; et si vous n'étiez pas plus méchant que votre mine...

LUCIFER.

Moi, méchant...

ARLEQUIN.

N'êtes-vous pas l'esprit malin ?

LUCIFER.

L'esprit malin !... On voit bien que tu ne me connais pas. Je suis l'esclave de cette clochette... j'étais aux ordres d'Azolin... Il m'a perdu par sa bêtise... C'est à ton tour... Avec ce talisman, tu n'auras à craindre ni les injustices des hommes, ni les rigueurs des femmes.

AIR *d'Ovinska.*

Je sais que le siècle où nous sommes
Est celui de la loyauté ;
Que la plus sévère équité
Récompense ou punit les hommes.
Que jamais sous ses douces lois
Le vrai mérite ne végète ;
Mais cependant, si tu m'en crois,
Ne perds pas (*bis*) ta clochette.

Je sais que le cœur de nos belles
Est insensible au poids de l'or ;
Que l'offre d'un épais milord
Les trouvera toujours rebelles.
Qu'un amour pur a seul des droits
Sur l'ame de la plus coquette ;
Mais cependant, si tu m'en crois,
Ne perds pas (*bis*) ta clochette.

Tu me parais un bon vivant, et je suis fâché d'avoir donné à ce niais d'Azolin mon croissant enchanté ; il eût mieux figuré sur ta tête que sur la sienne.

ARLEQUIN.

Il est sûr qu'un croissant... pare assez bien la tête d'un homme... Ah! mon petit Mercure, je n'ai pas besoin de vous pour le moment; il faut que vous me fassiez le plaisir de me poterr tous ces ballots en France.

MERCURE.

Comment! encore?

ARLEQUIN.

Tu raisonnes, je crois?.... pour deux petites courses.... Allons, paresseux, pars, et quand tu reviendras, souviens-toi de m'apporter un tonneau de vin de Champagne.

MERCURE.

Vous me traitez comme un célérifère.

ARLEQUIN.

Air : *Bon voyage.*

Bonne chance,
Petits ballots,
Volez, volez vers notre heureuse France,
Bonne chance,
Petits ballots,
Vous ne paîrez ni d'octrois, ni d'impôts.
(*A Mercure.*)
Qu'ils n'aillent pas plus haut que les ardoises,
Car un malheur ne peut se garantir;
Et s'ils tombaient de quatre mille toises
Le casuel pourrait s'en ressentir.

TOUS.

Bonne chance, etc.

(Mercure s'envole avec les ballots.)

SCÈNE IV.

ARLEQUIN, LUCIFER.

ARLEQUIN.

Maintenant, mon ami Lucifer, je suis tout à vous: je puis donc par votre pouvoir ?...

LUCIFER.

Tout! le son de cette clochette se fait entendre d'un bout du monde à l'autre; et celui qu'on désire est forcé d'accourir, même malgré lui.

Air : *Eh! ma mère, est-c' que j' sais ça?*

Désires-tu des richesses?
Désires-tu du pouvoir?
Désires-tu des maîtresses?
Parle, tu vas en avoir.

ARLEQUIN.

Ses paroles savent plaire,
Et ses traits sont si jolis :
Ce petit Diable doit faire
Bien du tort au paradis.

LUCIFER.

Ordonne.

ARLEQUIN.

Puisque rien ne m'est impossible, je veux voir tous les grands génies de Paris.

LUCIFER.

Sonne!

ARLEQUIN.

Il faut les recevoir poliment. Jean, Jean, fais préparer quarante fauteuils dans mon salon.

JEAN, *arrivant.*

Ils sont prêts.

ARLEQUIN, *sonnant.*

Allons, Messieurs les grands génies, je vous attends. (*Il sonne.*) il ne vient personne; est-ce que...

Air : *Une fille est un oiseau.*

Que veut dire tout cela ?
J'ai fait sonner la clochette.

LUCIFER.

J'ai remué ma baguette,
Il n'en vient pas plus pour ça.

ARLEQUIN, *sonne encore.*

Personne ne se présente,
Moi, qui comptais sur quarante!

LUCIFER.

Pour quelque lecture urgente
Sans doute ils sont réunis.

ARLEQUIN, *sonnant.*

Quoi! pas un seul grand génie ?

LUCIFER.

Sonnez plus fort, je vous prie;
Ils sont peut-être endormis.

ARLEQUIN.

Mon ami, puisqu'il n'y a pas de grands génies pour le quart d'heure à Paris, fais-moi venir tous les petits génies qui s'y trouvent.

LUCIFER.

Ils ne pourraient jamais tenir ici; mais je vais t'en faire voir un échantillon;... c'est l'homme le plus utile au siècle présent.

ARLEQUIN.

Sangodémi ! ce doit être un matador... Il ne doit pas y avoir de palais assez grand pour le loger... Hâtons-nous de le sonner... (*Il sonne. Une échoppe paraît au second plan et au milieu du théâtre. On lit sur la porte ces mots : MAISON UNIVERSELLE D'ASSURANCE, EXCEPTÉ CONTRE L'INCENDIE ET AUTRES ACCIDENS.*

(*Musique.*)

ARLEQUIN.

Qu'est-ce que c'est donc que cela? une échoppe d'écrivain public?

LUCIFER.

C'est le palais du grand homme du jour.

ARLEQUIN, *lisant l'écriteau.*

Maison universelle d'assurance... Si je mettais des fonds sur cette maison-là, je ne serais pas du tout rassuré... Voyons un peu le maître du logis. (*Il frappe, on ouvre. M. l'Assurance en sort ; il est boîteux.*)

SCÈNE V.

LES MÊMES, L'ASSURANCE.

L'ASSURANCE. *Arlequin fait un pas en arrière en le voyant.*

Rassurez-vous, Messieurs, rassurez-vous; que puis-je faire pour votre service? Que voulez-vous?... Faire assurer un mélodrame, quelque machine, un employé, une découverte nouvelle, j'assure tout contre tout. (*Il fait un faux pas.*)

ARLEQUIN.

Il aurait bien dû assurer ses jambes.

L'ASSURANCE.

AIR *du Major Palmer.*

Partout je montre mon zèle,
Et j'assure avec succès
L'acteur, la pièce nouvelle,
Contre le bruit des sifflets.
A maints faiseurs d'épigrammes
J'assure une douce paix,
J'assure jusques aux femmes...
J'en suis souvent pour mes frais.
Par moi rien ne se déplace,
On ne peut que prospérer!
Ah! combien de gens en place
Devraient se faire assurer!
A certain banquier j'assure

Une fortune en six mois;
Et c'est une affaire sûre,
Pour peu qu'il manque deux fois.
Vous qui dites sans mystère
Qu'une comète en courroux
Doit brûler notre hémisphère
Et nous exterminer tous,
Ne craignez plus à la ronde
Ce malheur si redouté...
Je vais assurer le monde
Pour votre tranquillité.

ARLEQUIN.

Comment! vous assurez tout cela?

L'ASSURANCE.

De plus, j'assure les débiteurs contre les huissiers.

ARLEQUIN.

Les huissiers contre les cannes.

L'ASSURANCE.

Les médecins contre les malades...

ARLEQUIN.

Non pas, il faut assurer les malades contre les médecins...

L'ASSURANCE.

Je courrais trop de risques... C'est moi qui suis l'assureur de cette nouvelle manière de peindre sur la faïence... L'inventeur vient de rendre un grand service aux sciences et aux arts... Grâce à lui on peut, en dînant, apprendre sur des assiettes la géographie, l'histoire, etc... Il vient de mettre toutes les aventures de *Chactas* et d'*Atala* en terre de pipe, avec l'explication au bas de chaque sujet.

ARLEQUIN.

Ainsi l'on voit: « *Atala sauvant Chactas* », dans une assiette à soupe.

L'ASSURANCE.

Et dans un compotier on lit: « *Atala priant pour sauver sa vertu, par brevet d'invention* ».

ARLEQUIN.

Jolie invention!... Si l'on m'avait instruit comme cela, moi, j'aurais dévoré la science.

L'ASSURANCE.

Je travaille aussi beaucoup pour Monsieur Pathos...

ARLEQUIN.

Monsieur Pathos!

L'ASSURANCE.

C'est le Corneille des Boulevards... Il fait des mélodrames et des pantomimes...

ARLEQUIN.

C'est-à-dire qu'il mange à deux rateliers.

L'ASSURANCE.

Justement! à ceux des chevaux de Franconi et de l'Ambigu-Comique. Mais je vous en ai assez dit pour vous prouver que mon entreprise est *très-sûre*... elle est même indispensable pour l'art dramatique, et c'est la partie la plus lucrative. Dès qu'une pièce est sur l'affiche, l'auteur vient modestement frapper à ma porte et me dit : « *Monsieur de l'Assurance, j'ai peur* ». Rassurez-vous.... Votre pièce est mauvaise, je le sais; mais je suis là... Rassurez-vous, rassurez-vous... Alors je lui donne un de ces écriteaux que j'ai fait faire exprès. (*Il tire de dessous son habit un écriteau semblable à ceux qui sont sur les maisons assurées contre l'incendie.*) Voyez; deux mains en sautoir, je veux dire en battoir.

ARLEQUIN, *regardant l'écriteau.*

A. C. L. S.; qu'est-ce que cela veut donc dire?

L'ASSURANCE.

Assuré Contre Les Sifflets. Dès qu'une pièce a reçu ce passe-port, elle est sûre de passer.

ARLEQUIN.

Ça doit coûter bien cher pour faire assurer une pièce?

L'ASSURANCE.

Rassurez-vous, rassurez-vous!... Je ne prends que des billets.

AIR : *Voulant par ses œuvres complettes.*

Quand l'auteur a quelque génie,
Je ne lui prends que cent billets:
C'est d'une grande comédie
S'assurer à bien peu de frais!
Avec cent cinquante *parterre*
Souvent au Vaudeville on va;
Mais quand j'assure un opéra,
Je prends la salle toute entière.

ARLEQUIN.

Et les personnes qui veulent entrer en payant?

L'ASSURANCE.

Elles restent à la porte... Vous sentez que le public qui paie n'est pas endurant! Il se fâche; et s'il entrait, il n'y aurait rien de moins sûr que mes compagnies d'assurance. Mais, pardon, si je vous quitte, on annonce une pièce nouvelle au Vaudeville, et je me flatte que les auteurs viendront la faire assurer, ou je ne réponds de rien.

ARLEQUIN.

Vous me faites frémir!... Est-ce que vous craignez ?...

L'ASSURANCE.

Air du Galoubet.

Rassurez-vous !
Sans moi quelquefois on sait plaire
Et le Vaudeville, entre nous,
N'a pas un public trop sévère :
C'est l'enfant gâté du parterre.
Rassurez-vous !

ARLEQUIN.

Oh! je ne m'y fie pas, moi.

(*à Lucifer.*)

AIR : *Du secret de madame*

Pour la capitale du monde
Fais-le repartir aujourd'hui ;
Dans cette ville sans seconde,
Tant de gens ont besoin de lui!

(*Prenant Lucifer à part.*)

Et d'ailleurs,

Puisque ce personnage utile
Empêche les pièces de cheoir,
Il pourrait bien au Vaudeville
Ne pas être de trop ce soir.

L'ASSURANCE.

Rassurez-vous, rassurez-vous!... Adieu, messieurs, adieu.

ENSEMBLE.

Pour la capitale, etc.

(*M. L'Assurance rentre dans sa maison. Elle disparaît.*)

ARLEQUIN.

Voilà un homme singulier; je serais curieux de voir quelques-uns des personnages qu'il a assurés. Je vais sonner toutes les pièces nouvelles de Paris (*Il sonne.*) Personne! Il paraît qu'il n'y a rien de nouveau!... Appelons les pièces qui passent pour être nouvelles.

(*Il sonne encore. L'Homme gris paraît dans un char fait d'un grand carton sur lequel on lit : « ODÉON. PIÈCES IMITÉES « DE L'ALLEMAND ».* L'Intrigante *de* la Manie des grandeurs *paraît aussi de l'autre côté, dans un carton sur lequel on lit : «THÉATRE FRANÇAIS.* 1799. *PIÈCES A L'ÉTUDE».*)

SCÈNE VI.

ARLEQUIN, LUCIFER, L'INTRIGANTE, L'HOMME GRIS.

ARLEQUIN, *à Lucifer.*

Quel est ce Monsieur qui a l'air si sournois ?

LUCIFER.

C'est l'homme gris.

ARLEQUIN.

Ah! ah! il a une teinte que j'aime assez. Et cette Dame?...

LUCIFER.

C'est une intrigante, à ce qu'elle dit.

ARLEQUIN, *à Lucifer.*

Et pourquoi ces deux personnes n'arrivent-elles pas du même côté?... Est-ce qu'elles ne viennent pas du même pays?

LUCIFER.

Non certainement; l'une vient des Français et l'autre de l'Odéon.

ARLEQUIN.

Diable! c'est bien différent... (*A l'Intrigante.*) Vous devez avoir bien des occupations en ce moment?

L'INTRIGANTE.

Je vous en réponds.

Air *de Julie.*

En ma qualité d'intrigante
J'attire chez moi tout Paris;
Et dans une pièce charmante
J'intrigue pour tous mes amis.
Je sais trouver, pour qui je m'intéresse,
Mille intrigues sans embarras.

L'HOMME GRIS.

Vous auriez dû, Madame, dans ce cas,
En trouver une pour la pièce.

L'INTRIGANTE.

L'épigramme est champêtre.

L'HOMME GRIS.

Pittoresque si vous le voulez.

L'INTRIGANTE.

Air *de Marianne.*

Quel reproche peut-on me faire?
J'intrigue; mais jamais pour moi:
Tantôt je fais un commissaire,
Tantôt un commis de l'octroi.

Pour toute grace,
Pour toute place
A mon secours
On peut avoir recours.
Chacun m'implore;
Hier encore
N'ai-je pas fait
Nommer un sous-préfet?
L'autre jour, pour rendre service,
Intrigant ab hoc et ab hac,
J'obtins trois bureaux de tabac.

(*Elle éternue.*)

ARLEQUIN.

Que le ciel vous bénisse.

Madame est-elle demoiselle ou veuve?

L'INTRIGANTE.

Je ne le dis pas, Monsieur; mais je file une intrigue en ce moment avec un nommé Mongéran qui doit m'épouser.

L'HOMME GRIS.

En mariage?

L'INTRIGANTE.

Je l'espère; c'est un homme qui est fier comme un ambitieux.

L'HOMME GRIS.

Dites donc pliant comme un solliciteur.

L'INTRIGANTE.

Qui forme des projets.

L'HOMME GRIS.

Qui fait des châteaux en Espagne.

L'INTRIGANTE.

Et qui irait très-loin...

L'HOMME GRIS.

S'il n'avait pas la goutte.

L'INTRIGANTE.

Pour moi, j'ai la manie des grandeurs!

L'HOMME GRIS.

Vous avez là une triste manie.

L'INTRIGANTE.

Je soutiendrai mon caractère.

L'HOMME GRIS.

Vous n'en avez pas.

L'INTRIGANTE.

Monsieur l'homme gris n'est pas très-poli, au moins.

L'HOMME GRIS.

Que voulez-vous? on m'a fait comme ça.

L'INTRIGANTE.

On aurait bien dû vous faire autrement.

L'HOMME GRIS.

Vous ne valez pas mieux que moi.

L'INTRIGANTE.

L'original!...

L'HOMME GRIS.

Original!... je ne le suis pas plus que vous.

L'INTRIGANTE.

Insolent!

L'HOMME GRIS.

Oh! moi, je ne flatte pas; je suis accoutumé à donner à chacun son paquet, et je vous donne le vôtre.

L'INTRIGANTE.

Mais vraiment! ne dirait-on pas que vous êtes un personnage miraculeux?

L'HOMME GRIS.

Mais écoutez donc, je crois que je puis me vanter.

L'INTRIGANTE.

Oui, vous vous vantez beaucoup.

L'HOMME GRIS.

Air connu.

A l'Odéon j'ai pris naissance;
Je tiens un peu de l'Allemand,
Malgré cela je plais en France,
Et je vis à Paris gaîment.
Mes traits mordans, mes réparties,
Amusent le pays Latin.
Le faubourg Saint-Germain
Rit enfin.
A l'Odéon, par mes saillies
Je fais rire jusqu'au Caissier.

TOUS.

C'est un sorcier!

ARLEQUIN.

Ma foi, ces deux personnages-là me paraissent assez divertissans, je les garde à Pékin pour mes menus-plaisirs.

L'HOMME GRIS.

Comment, à Pékin! et que fera l'Odéon sans moi?

ARLEQUIN.

Parbleu! il ne fera rien.

L'INTRIGANTE.

Et dans la rue de Richelieu, comment joueront-ils la comédie sans moi, comment feront-ils rire?

ARLEQUIN.

Ils joueront la tragédie!... Mais, non. Je fais une réflexion! il faut contenter tout le monde; rentrez dans vos cartons. (*A l'Homme gris.*)

AIR : *N'y a que Paris.*

Je craindrais que chez les Chinois
Votre esprit un peu germanique,
Et votre ton toujours sournois,
Ne provoquassent la critique.
Pour admirer un homme gris,
N'y a que Paris! (*bis.*)

(*L'Homme gris va se replacer dans son carton.*)

Allons, fouette cocher. (*l'Homme gris part*) Prenez garde aux ornières, et n'ayez pas peur des voleurs. (*A l'Intrigante.*) Pour vous, Madame....

Même air :

Des magots en votre talent
N'auraient qu'un espoir assez mince;
Vous êtes un vrai diamant;
Mais n'allez plus dans la province!
Pour bien connaître votre prix,
N'y a que Paris! (*bis.*)

(*L'Intrigante va aussi se replacer dans son carton.*)

En route. (*Elle part.*) Oh! oh! doucement! elle a manqué tomber. Je crains bien que cette intrigante-là n'aille pas loin... heureusement elle est assurée.

SCÈNE VII.

ARLEQUIN, LUCIFER, JEAN.

ARLEQUIN.

Génie, à présent, pour changer un peu... je voudrais bien faire venir de Paris quelques petites choses gentilles... tiens, par exemple, les tours de Notre-Dame! pourrais-tu me les transporter ici sur un nuage?

LUCIFER.

La Clochette d'Azolin a fait de plus grands miracles que celui-là. Sonne, tes désirs seront accomplis.

ARLEQUIN.

Voyons... Nous les mettrons à la place de cette pagode. (*Il sonne, les tours de Notre-Dame viennent sur un nuage; l'orchestre joue l'air : La tour prends garde*). Sangodemi! que j'ai du plaisir à les revoir... Génie, transporte-moi à l'instant sur ces tours-là.

LUCIFER.

Partons.

ARLEQUIN.

Un moment. Jean! Jean!

JEAN, *accourant.*

Not' maître!

ARLEQUIN.

Si l'on vient me demander, tu diras que je vais revenir. *(Ils s'envolent.)*

JEAN.

Où allez-vous donc comme cela ?

ARLEQUIN.

Je vais prendre un peu l'air. *(Ils disparaissent.)*

SCÈNE VIII.

JEAN, MERCURE.

JEAN.

Tiens! le voilà qui vole aussi! tout le monde s'en mêle! Oh! le voilà qui passe par dessus les maisons de Pékin!... Le voilà qui se pose sur ces grandes tours... Ce sont celles de Notre-Dame, Dieu me pardonne... Eh! monsieur Mercure qui arrive sur le tonneau de vin de Champagne que le seigneur Arlequin a demandé!

MERCURE, *arrivant à califourchon sur un tonneau.*

AIR *du vaudeville de Lantara.*

Oh! l'agréable aventure,
Et que ce vin est léger,
Sur une telle monture,
Qu'il est doux de voyager.
Postillon couvert de gloire,
On va d'un train infernal,
Et l'on a toujours pour boire,
Dès qu'on crève le cheval.

JEAN.

Oh! jarni! si j'avais un équipage comme celui-là, je verserais souvent.

SCÈNE IX.

JEAN, ARLEQUIN, MERCURE.

(Arlequin tombe sur le dos de Jean.)

JEAN.

Ah! là! là!

ARLEQUIN.

Ne fais pas attention !.. C'est moi qui arrive des tours de Notre-Dame... Sois tranquille, je ne me suis pas fait de mal!.. C'est Lucifer qui m'a lâché. Ah! mon ami, tu ne te fais pas une idée de ce qu'on découvre là-haut!

JEAN.

Qu'avez-vous donc vu ?

ARLEQUIN.

J'ai vu fumer toutes les cheminées de Paris.

AIR : *Ça fait toujours plaisir.*

J'aurais trouvé peut-être
Encore plus d'attraits
A voir, à reconnaître
Mon Paris de plus près.
Mais, aux ames bien nées,
Voir de loin à loisir
Fumer les cheminées
Des lieux qu'on doit chérir,
Ça fait (*bis*) toujours plaisir.

JEAN.

Maître, le seigneur Mercure est arrivé; et voilà votre vin de Champagne.

(*Deux emballeurs roulent le tonneau. Mercure paraît dans le fond.*)

ARLEQUIN.

C'est bon!... Il faut maintenant que je me débarrasse tout-à-fait de ce petit fripon-là!... puisqu'il a volé la clochette à un autre pour moi, il pourrait bien me la voler à moi, pour un autre!... Quand on a un talisman aussi précieux, il ne faut pas fréquenter les voleurs.

MERCURE, *s'avançant.*

Les voleurs!

AIR : *Entends-tu l'appel qui sonne.*

Je te servais avec zèle,
Par toi je suis outragé :
Serviteur toujours fidèle,
Je me donne mon congé.

ARLEQUIN.

Oui, vous êtes serviable;
Mais, mon bon petit ami,
Vous ne valez pas le diable,
Arlequin se donne à lui.

Voulez-vous que je vous donne un certificat ?

MERCURE.

Je n'en ai pas besoin.

ENSEMBLE { Je te servais avec zèle, etc.
ARLEQUIN.
Tu me servais avec zèle, etc. }

MERCURE, *à part.*

Je te prépare un tour de mon métier ; et tu me diras des nouvelles de ton vin de Champagne. (*Il va frapper le tonneau de son caducée, et s'envole.*)

SCÈNE X.

ARLEQUIN, LUCIFER.

ARLEQUIN (*seul*).

M'en voilà débarrassé !.... je n'aime pas les valets raisonneurs, moi.... Appelons mon petit Lucifer. (*Il sonne.*)

LUCIFER (*sortant d'un coffre*).

Que veux-tu?

ARLEQUIN.

Tiens! qu'est-ce que tu faisais donc là-dedans?

LUCIFER.

J'attendais le coup de sonnette : que faut-il faire?

ARLEQUIN.

Mon ami, d'abord, voilà du vin de Champagne qui vient de m'arriver;... il faut que nous le goûtions ensemble.

LUCIFER, *gaîment.*

Volontiers!

(*Ils s'approchent du tonneau que Mercure a touché de son caducée, un coup de tam-tam se fait entendre. Les Danaïdes sortent du tonneau, en camisole, en papillottes et un poignard à la main.*)

ARLEQUIN, *reculant effrayé.*

Ah mon dieu!... qu'est-ce que c'est donc que cela?

SCÈNE XI.

LES MÊMES, LES DANAIDES.

(*Elles ont toutes une plaque d'assurance sur la poitrine.*)

LES DANAIDES.

AIR : *Et gai, gai, gai.*

Ohé! ohé! ohé! ohé!
Ohé! ohé! ohé! ohé!
Ohé! ohé! ohé! ohé!
Ohé! ohé! ohé!

ARLEQUIN.

Ces femmes, qui sont-elles,
Pour chanter sur ce ton?

LUCIFER.

Ce sont des demoiselles
De très-bonne maison.

LES DANAIDES *dansant en rond.*

Ohé! ohé! ohé! ohé! etc.

ARLEQUIN.

Mais dans leurs mains timides
Pourquoi ces coutelas?

LUCIFER.

Ce sont les Danaïdes.

ARLEQUIN.

Je ne les connais pas.

LES DANAIDES, *dansant.*

Ohé! ohé! ohé! ohé!

LUCIFER.

Tu pourras les connaître;
Car ces dames, mon cher,
Dans le monde, peut-être,
Vont faire un bruit d'enfer.

LES DANAIDES.

Ohé! ohé! ohé! ohé!
Ohé! ohé! ohé! ohé!
Ohé! ohé! ohé! ohé!
Ohé! ohé! ohé!

ARLEQUIN.

Comme elles dansent! on dirait qu'elles ont été élevées dans quelque pensionnat de Paris; je gage qu'elles ne savent que çà.

LUCIFER.

A peu près.

ARLEQUIN.

Elles sont toutes du même âge.

LUCIFER.

C'est vrai; mais ça n'empêche pas qu'elles ne soient sœurs.

ARLEQUIN.

C'est une belle famille.

LUCIFER.

Elles ne sont pas toutes là; elles sont cinquante.

ARLEQUIN.

Cinquante sœurs! filles uniques?

LUCIFER.

Et légitimes du seigneur Danaüs.

ARLEQUIN.

Peste ! quel gaillard !

AIR : *Ce mouchoir, belle Raimonde.*

Aimables et jeunes filles,
Qui toutes avez quinze ans,
J'ai trouvé peu de familles
Où l'on vit autant d'enfans,
A madame votre mère
Cela fait beaucoup d'honneur ;
Mais pour monsieur votre père,
C'est encore plus flatteur.

LES DANAIDES.

AIR : *Rien, père Cyprien.*

Non,
Non, non, non, non,
Non, non, non, non,
Non, non, non; non, etc.

ARLEQUIN.

Assez, assez... mon ami, est-ce que ces demoiselles disent toujours non ?

LUCIFER.

Au contraire.

AIR : *De la Parole.*

Dès qu'on leur propose un mari,
Oui, répondent-elles bien vîte ·
A l'autel elles disent *oui* ;
Oui, quand à boire on les invite ;
Oui, pour obéir au papa ;
Bref, dire *oui*, c'est leur étude.

ARLEQUIN.

Je vois ce que c'est !

C'est depuis cette pièce-là
Que les dames de l'Opéra
En ont contracté (*bis*) l'habitude.

LUCIFER.

La tendre Hypermnestre n'est pas là.

ARLEQUIN.

Qu'est-ce que c'est encore que cette demoiselle ?

LUCIFER.

C'est une Danaïde.

AIR : *Ce Magistrat irréprochable.*

Peignant, tour-à-tour, la tendresse,
L'horreur, la crainte et la douleur,
Hypermnestre nous intéresse
Ou nous inspire la terreur.

Au feu de l'âme et du génie,
Elle unit les dons de son art;
Et Melpomène à Polymnie
Semble avoir prêté son poignard.

ARLEQUIN.

A charge de revanche.

LUCIFER.

Cette Hypermnestre est la seule parmi ses sœurs criminelles, qui poussa la générosité jusqu'à ne pas vouloir tuer son mari.

ARLEQUIN.

Quelle générosité!

LUCIFER.

Après la cérémonie du mariage, le père Danaüs appelle ses filles...

Air : *Je loge au quatrième étage.*

Ne demandant que plaie et bosses,
Il leur dit, d'un air furieux :
« La première nuit de vos noces
» Tuez vos maris; je le veux. »
Tous périssaient par cette trame:
Mais, par bonheur, dans ce complot
Il se trouve une bonne femme.

ARLEQUIN.

Sur cinquante ce n'est pas trop!

LUCIFER.

Peins-toi la fureur de Danaüs, lorsque sur ses cinquante gendres, il n'en trouve que quarante-neuf de morts.

ARLEQUIN.

Cest tuant! Je vois ça d'ici; il crie comme si le diable l'emportait.

LUCIFER.

Vous avez beau dire, dit-il à sa fille; vos quarante-neuf sœurs ont expédié leurs quarante-neuf maris.

Air *parodié de la Fausse Magie.*

Je n'ai pas la cinquantaine,
Et me ris de votre peine:
Tuez votre époux ce soir,
Et faites votre devoir.

ARLEQUIN.

Oh! le brave homme!
Quels principes excellens!

LUCIFER.

Et voilà comme,
Voilà comme
On élève ses enfans.

ARLEQUIN.

Comment, mesdemoiselles, vous avez toutes tué vos maris? Fi! que c'est vilain! vous ne le porterez pas en paradis.

LUCIFER.

Elles sont déjà en enfer.

ARLEQUIN.

Bah! et qu'est-ce qu'elles y font?

LUCIFER.

Elles y remplissent quelque chose qui est toujours vide.

ARLEQUIN.

J'entends; c'est la caisse de l'Opéra!... Eh bien! génie, renvoie-les à l'ouvrage.

LUCIFER.

Maître, que ta volonté soit faite.

(*Il fait un signe. Une trappe s'ouvre; il en sort des flammes, et toutes les Danaïdes s'y précipitent, en reprenant le chœur.*)

CHŒUR.

Ohé! ohé! ohé! ohé! etc.

SCÈNE XII.

ARLEQUIN, LUCIFER.

ARLEQUIN.

Ah! mon ami, plus je vois de mauvaises femmes, plus je sens le prix de la mienne... Fais-moi le plaisir de me la transporter ici, avec sa société et son magasin, pour qu'elle ne s'ennuie pas en route.

LUCIFER.

C'est le vœu d'un bon mari.

ARLEQUIN.

Ce n'est pas celle-là qui tuerait son mari!... Elle est si sage, si bonne, si fidèle! si...

(LUCIFER *fait un signe de baguette, on entend soudain des voix qui chantent en harmonie:*)

« Dodo, l'enfant do,
« L'enfant dormira tantôt.

(*Pendant ce chœur on voit successivement paraître tous les meubles d'un magasin de nouveautés; une petite console s'élève, sur laquelle on voit un chapeau d'homme, une cravache et des gants; bientôt un sopha sort de terre,* COLOMBINE *est étendue dessus et dort; milord* DESGUINÉES *paraît après, il est à genoux; un quinquet est suspendu au plafond.*)

SCÈNE XIII.

ARLEQUIN, LUCIFER, COLOMBINE,
Milord DESGUINÉES.

ARLEQUIN.

Que vois-je! Qu'est-ce que c'est donc que cela? Pas de mauvaises plaisanteries.

LUCIFER.

Ecoutons.

DESGUINÉES (*à lui-même et toujours à genoux*).

C'était particulier, il me semblait que je voyageais dans le poste, et cependant j'étais toujours dans les genoux de médème qui s'était endormie en écoutant ma proclamation d'amour.

ARLEQUIN.

Démon, quel est ce monsieur?

LUCIFER.

L'Adonis de tous les magasins de nouveautés de Paris,... milord Desguinées.

ARLEQUIN.

Et il en conte à ma femme!... Sangodémi!...

DESGUINÉES, *se relevant.*

Goddem!.....god....

ARLEQUIN, *reculant.*

Milord, pardon de vous déranger!...

DESGUINÉES.

Que volez-vous?... parlez un peu à moi... Quel était cet insolent qui était entré dans lé... dans le... attendez, que je prenais le dictionnaire pour le poche... (*Il prend un petit dictionnaire portatif, et cherche le mot qui l'embarrasse.*) qui était entré dans le magasin pour le nouveauté de mèdème!... appreuez qu'on ne venait pas restituer une visite à quelle heure est-il.

ARLEQUIN, *l'imitant.*

A quelle heure est-il? je venais pour madame.

DESGUINÉES, *en colère, à Arlequin.*

Attendez, faquine, que je prenais le fouet pour le donner à vous.

ARLEQUIN.

Démon, défends-lui de m'approcher.

(*Lucifer fait un signe avec sa baguette.*)

DESGUINÉES, *restant en place.*

Oh! Oh! je ne pouvais plus aller pour le marchement.... apparemment que j'étais dans le illusion d'un songe!.... appretiez que le boutique de madame était dans le clôture... On ne pouvait acheter... ici que pendant lè (*il cherche*) lè clair du soleil... avec de l'argent (*il cherche.*) joyeux... comptant!

ARLEQUIN.

Colombine! ma petite Colombine!

(*Il se met à genoux où était Desguinées.*)

COLOMBINE, *se réveillant.*

Non, Milord, ma vertu.... jamais... rarement du moins!.. Que vois-je?

ARLEQUIN.

Ton fidèle Arlèquin.

COLOMBINE, *se levant.*

Mon mari? Hélas! oui... c'est lui.

DESGUINÉES.

Son mari!... Goddem! qu'il était dans lè laid tout noir!

COLOMBINE.

Mon mari!.. oui, c'est bien lui que je vois!... il faut convenir que je fais un rêve bien désagréable!

DESGUINÉES.

Et moi encore!

ARLEQUIN.

Que je t'embrasse. (*Il l'embrasse.*)

COLOMBINE.

Ouf! quel cochemar!

ARLEQUIN.

Démon, éloigne un peu ma femme... et fais que mylord réponde à mes questions!

COLOMBINE, *à Desguinées.*

Ah ça! pas d'indiscrétion.

(*Lucifer touche Colombine de sa baguette. Elle va se remettre sur le sopha.*)

ARLEQUIN.

Y a-t-il long-tems que vous connaissez madame, Mr. mylord?

DESGUINÉES.

Depuis ce matin.

AIR *du vaudeville d'Arlequin Afficheur.*

J'ai quitté London, mon pays,
Par un esprit d'économie;
Et jé viens gaîment à Péris
Joïr avec économie:
J'y viens bien manger, chaque jour,
Avec beaucoup d'économie;
J'y viens aussi faire l'amour,
Toujours avec économie.

ARLEQUIN.

Et vous avez adressé votre amour économique à madame?

DESGUINÉES.

Yes...

COLOMBINE.

C'est faux.

DESGUINÉES.

Cé était vrai; j'avais emporté elle dans mon Tilbury, et jé étais allé à la... *(il cherche.)* EXTRAVAGANCE BEAUJON.

LUCIFER.

A la folie Beaujon.

DESGUINÉES.

Yes...

ARLEQUIN.

Comme vous arrangez le français!

DESGUINÉES.

Yes, yes... Nous avons lé parlement difficultueux, voyez-vous! Jé étais allé donc à la folie Beaujon, où jé avais été dans le DÉGRINGOLAGE pour toujours recommencer.

COLOMBINE.

C'est faux.

DESGUINÉES.

Cé était vrai.

ARLEQUIN.

Et de là?

DESGUINÉES.

J'ai étais allé pour le petite Clochette dans le théâtre FAIT-DE-L'EAU, où madame l'Ouverture m'avait donné une logè grillée moyennant.... *(il cherche.)* LE LOUANGE.

ARLEQUIN.

Une loge grillée! C'est donc ainsi, madame Arlequin, que vous vous donnez en spectacle à tout Paris!

LUCIFER.

Au contraire, mon cher Arlequin.

AIR du Petit Courrier.

Quelquefois, par un art heureux,
Cherchant tout l'éclat des lumières,
Quand une femme est aux premières,
C'est pour attirer tous les yeux;
Mais du désir d'être oubliée,
Faisant parfois son seul espoir,
Quand elle est en loge grillée,
Ce n'est pas pour se faire voir.

ARLEQUIN.

Jolie excuse!

Air : *Tu vas changer de fortune et d'emploi.*

Puisqu'à ce point on peut vous égarer,
A nos tourmens je veux mettre une trêve,
Et dès ce jour il faut nous séparer.

COLOMBINE.

Ah! mon mauvais rêve!...
S'achève.

DESGUINÉES.

Notre mauvais rêve
S'achève.

ARLEQUIN, *à Lucifer.*

Pour cet Anglais, je veux.... il faut,
Par ta baguette, qui m'est chère,
Le changer soudain en MAGOT.

LUCIFER.

Je n'aurai presque rien à faire.

(Il le touche de sa baguette. Desguinées devient à l'instant un magot, qui remue la tête.

ENSEMBLE.

Puisqu'à ce point on peut nous/vous égarer, etc.

ARLEQUIN.

Oui, madame, pour ce pays
Votre trahison est trop forte;
Allez, retournez à Paris,
Et que le diable vous emporte!

LUCIFER.

Maître, sois obéi.

(Le sopha s'élève doucement avec le Magot pendant le chœur, et tout-à-coup ils disparaissent.)

ENSEMBLE.

Puisqu'à ce point on peut nous/vous égarer, etc.

SCÈNE XIV.

LUCIFER, ARLEQUIN.

ARLEQUIN, *pleurant.*

Ah! mon ami! quelle scène! quelle scène! Après tant d'amour! après tant de sermens! après tant de... C'est fini!... je ne veux plus de femmes, ni de la mienne, ni de celle des autres!

LUCIFER.

Tant pis ; j'en avais une bonne à te proposer.

ARLEQUIN.

Ah!

LUCIFER.

Jeune et jolie.

ARLEQUIN.

Propose toujours ; nous verrons ensuite...

LUCIFER.

Il n'y a pas un moment à perdre ; elle va se marier !

ARLEQUIN.

Quelle est cette dame-là ?

LUCIFER.

C'est l'aimable Palmire, la fiancée du seigneur Azolin, de l'Opéra-Comique.

ARLEQUIN.

Démon, il faut la faire venir ; nous en serons quitte pour la renvoyer, si elle ne me convient pas. Que fait-elle en ce moment ?

LUCIFER, *regardant.*

AIR : *Daignez m'épargner le reste.*

Un esclave apporte un coussin,
Il le place avec soin par terre,
Et la future d'Azolin
Se met aux genoux de son père.
Le Sultan lui dit : » Recevez
» Ce prix de la vertu modeste ;
« Puisse l'amant que vous avez,
« Qnand vos nœuds seront achevés.....

(Arlequin sonne ; le tam-tam se fait entendre ; Palmire, encore à genoux sur le coussin, descend sur le théâtre.)

SCÈNE XV.

LES MÊMES, PALMIRE *(elle a aussi une plaque d'assurance)*.

ARLEQUIN, *lui donnant la main pour se relever.*

Je vous apprendrai le reste.

PALMIRE.

Où suis-je ?

ARLEQUIN.

A Pékin.

PALMIRE.

Où est mon père ?

ARLEQUIN.

A Paris.

PALMIRE.

AIR : *Lise aimait le beau Gernance.*

Si je n'ai pas un vertige,
Ça tient vraiment du prodige !
J'étais à Paris, soudain
V'là que je suis à Pékin ;
Ça me paraît un peu bête.

ARLEQUIN.

Mon enfant, c'est comme ça.
Apprenez que la clochette
N'connait pas cett'distance là.

PALMIRE.

La Clochette ! qu'est-ce que c'est que ça ?

ARLEQUIN.

Ce n'est rien.

PALMIRE.

Je retourne à Paris,

ARLEQUIN, *l'arrêtant.*

Sangodémi ! comme vous y allez.

PALMIRE.

Ne me retenez pas plus long-tems ; on ne peut pas faire mon mariage sans moi.

ARLEQUIN.

C'est vrai ; mais je ne vois pas de raison pour que votre mariage se fasse.

PALMIRE.

Comment ! vous n'en voyez pas ?

AIR *Ah ! vous avez des droits superbes.*

Je veux goûter du mariage,
Avec le seigneur Azolin.

ARLEQUIN.

Un moment, un moment. . . Vous vous trompez de musique. . . diable, ne confondons pas.

PALMIRE.

Attendez, il y a un air que je sais mieux que ça.

AIR : *Eh ! mais, oui da !*

(Ier. *couplet.*)

Le grand Sultan mon père
M'ordonne un doux lien ;
Azolin pour me plaire
N'a rien. . . ou presque rien,

Eh! bien quoiq' ça!
Je perds l'esprit pour ce p'tit Monsieur-là.

(IIe. couplet.)

Par un prodig' ben drôle;
Dans un' cave je l'vis,
Il ne m'dit qu'un' parole,
Et v'là que j'm'endormis;
Eh! bien etc.

(IIIe. couplet.)

Dans une épreuv' qu'on blame,
Il n'saute pas d'ici là;
Quand je serai sa femme,
Qui sait s'il sautera?
Eh! bien quoiq'ça!
Je perds l'esprit pour ce p'tit Monsieur-là.

ARLEQUIN.

Ma petite, qu'est-ce que c'est donc que cette épreuve.

PALMIRE.

C'est des bêtises.

AIR : *Lison dormait dans un bocage.*

Elle consiste cette épreuve
A renfermer, entr' huit et neuf,
Une princesse qu'est tout'neuve,
Avec un prince qui n'est pas neuf.
Par une espèce de jarr'tière
On les sépare et l'on s'en va:
Monsieur parçi, mam'zelle par là.
Il n'faut point passer la barrière:
Mamzelle doit faire comme ça,
Et le Monsieur doit rester là.

Et je ne pardonnerai jamais au Seigneur Azolin d'être resté là.

ARLEQUIN.

Il me paraît que vous avez joué là un triste rôle.

PALMIRE.

Aussi j'ai été enrhumée tout de suite... mais c'est égal, je veux retourner rue Feydeau.

ARLEQUIN.

Non pas, non pas; je vous garde pour être ma femme.

PALMIRE.

Mais j'ai un engagement.

ARLEQUIN.

Je paierai le dédit.

PALMIRE, *à part.*

Il paraît qu'il a des SONNETTES; *(haut.)* Mais Azolin, il va jeter feu et flamme.

ARLEQUIN.

C'est bon, les pompiers sont là... Démon, que tout s'apprête pour ma noce.

PALMIRE.

Ah! mon dieu! et les bouquets qui étaient commandés à Paris!

ARLEQUIN.

Les bouquets! c'est juste. Démon, qu'on vienne de Paris présenter des bouquets à ma future. (*Il sonne. Lucifer fait un signe; une grande corbeille, surmontée d'un parapluie de halle et pleine de Bouquetières, paraît tout-à-coup dans le fond.*) Tiens, elles arrivent en parachute.

SCÈNE XVI.

LES MÊMES, LES BOUQUETIÈRES.

LES BOUQUETIÈRES.

AIR : *Connu*

V'là les Bouqu'tièr's de la halle
Qui, sans scandale
Et sans cabale,
Viennent vous offrir gaîment,
Et leurs fleurs et leur compliment.

ARLEQUIN.

Que ces
Bouquets
Sont frais,
Cette rose
Est à peine éclose
Pour votre mari
C'est un augure fort joli.

PALMIRE.

Mon dieu! mon dieu! comme
Il m'paraît bon homme;
Il n'voit pas qu'c'est là
Des fleurs de l'Opéra.

ARLEQUIN.

Je suis dans l'enchantement; partons pour la cérémonie.

PALMIRE.

Y en a-t-il assez de cérémonie!... Ils sont toujours en marche.

ARLEQUIN.

Marche.

LES BOUQUETIÈRES.

V'là les bouqu'tièr's de la halle. etc. etc.

(*Arlequin donne la main à Palmire; les bouquetières les suivent.*)

Le théâtre change et représente une sombre forêt.

SCÈNE XVII.

AZOLIN, *sous les habits de* Charles *des Rendez-vous bourgeois, sortant à mi-corps du trou du souffleur. Il a une plaque d'assurance.*

Air *connu.*

L'avez-vous vu
C' que j'ai perdu?
Un' récompense honnête
Est promise à
Qui me rendra
Ma femme et ma clochette!

(Il sort du trou tout-à-fait.)

Le jour s'enfuit,
Voilà la nuit,
Mon cœur frémit
Au moindre bruit:
Ma clochette
On la sonnera,
C'est pour ça
Qu'elle est faite!
Mais ma femme.......

(*Au souffleur.*) Soufflez donc!...

On l'attendrira;
Ah! j'en perdrai la tête.

(Courant ça et là.)

Il faut convenir aussi que ma chère maman a fait une grande sottise de laisser ainsi le précieux talisman sur une console.... encore si c'eût été chez nous..... Et ce grand Sultan qui réclame sa fille, et qui m'attaque en rapt!.....Il est vrai que j'ai riposté par une plainte en calomnie; c'est l'usage à présent ... mais cela ne me rend pas ce que j'ai perdu!... Je suis sans argent, et je vous demande ce que je viens chercher dans cette forêt.... Ah! pauvre Azolin!... ce n'est pas ici que tu dois trouver ta bonne amie.... à moins qu'elle n'y soit venue faire des fagots..... J'ai peur..... C'est une véritable forêt noire.... Ah! mon Dieu! n'a-t-on pas hurlé?... Je dois être entouré ici de bêtes féroces..... et pourtant je ne vois pas un chat.

UNE VOIX.

Azor! Azor!

AZOLIN.

Azor!... il paraît qu'il y a des chiens.

LA VOIX.

Azor! Azor! ma voix t'appelle!...

AZOLIN.

C'est un air aérien; *Ma voix t'appelle!*... Je connais cette voix-là.... et cette musique aussi.... C'est comme dans *Zémire et Azor*, ou *la Belle*....

SCÈNE XVIII.

PALMIRE, AZOLIN.

PALMIRE.

Azolin!

AZOLIN.

Et la Bête.... Palmire!

ENSEMBLE.

AIR : *Verse encor.*

Quoi!
C'est toi!
C'est moi

AZOLIN.

Que je revois
Au beau milieu des bois.
Ma Palmire.

PALMIRE.

O délire!

ENSEMBLE.

Quoi!
C'est toi!
C'est moi!
C'est toi!
C'est moi!
C'est toi!
C'est moi!
C'est toi!
C'est moi!
C'est toi!
C'est moi!

AZOLIN.

Que fais-tu donc dans ces bois? est-ce que tu cueilles des noisettes?

PALMIRE.

Oh non! je t'attendais.

AZOLIN.

Il me semble que tu appelais Azor.

PALMIRE.

C'est Azolin que je voulais dire; j'ai pris une pièce pour l'autre.

AZOLIN.

C'est que ça ne se ressemble pas du tout....

PALMIRE.

Mais comment te trouves-tu dans ce bois?

AZOLIN.

Je n'en sais rien.... j'ai passé par le trou.... Mais retournons à la rue Feydeau; on m'attend pour faire la recette.

PALMIRE.

Tu auras du tems de reste. Tu ne sais donc pas où nous sommes?

AZOLIN.

Nous devons être dans la forêt de Bondi?

PALMIRE.

Tu n'y es pas?

AZOLIN.

Ah! et où?

PALMIRE.

Nous sommes à Pékin.

AZOLIN.

Tiens! Et comment retourner en France? y a-t-il des célérifères sur cette route? Ah! si j'avais ma clochette!

PALMIRE.

Cette clochette est à toi?

AZOLIN.

Est-ce que tu l'aurais rencontrée?

PALMIRE.

Oui, elle est dans la poche de celui qui veut m'épouser.

AZOLIN.

Il paraît qu'il la garde mieux que moi! (*Sautant.*) Ah! ah!

PALMIRE.

Qu'est-ce qu'il a donc?

AZOLIN.

Ce qne j'ai? ce que j'ai? comme c'est heureux! comme c'est heureux!

PALMIRE.

Qu'est-ce que tu dis?

AZOLIN.

Je ne dis rien.

PALMIRE.

Tu dis toujours la même chose.

AZOLIN.

Y a-t-il des escamoteurs dans ce pays?

PALMIRE.

Est-ce qu'il n'y en a pas partout?.... Mais on vient: va t'en; c'est ton rival.

PALMIRE, *sautant.*

Ah! ah! s'il allait me voir!

PALMIRE.

Cache-toi. Voici une fête et une décoration nouvelle.

AZOLIN.

Ça me sauve.

(*Pendant que le théâtre change, il s'échappe. La scène représente les grands maronniers de la Rappée.*)

SCÈNE XIX.

PALMIRE, ARLEQUIN, les Gens de la Fête.

CHOEUR, *en entrant.*

Air : *Au Carillon que l'on fait dans ce village.*

Au carillon
De cette
Chère clochette,
Que l'on s'apprête
A danser un rigaudon.

ARLEQUIN.

On chantera,
Et pour embellir la fête,
On dansera,
Ce n'est pas jour d'opéra.

CHOEUR.

Au carillon, etc.

ARLEQUIN *à Palmire.*

Vous voyez! pour vous plaire j'ai fait transporter ici les grands maronniers de la Rapée, avec la Seine : c'est une jolie attention.

PALMIRE, *regardant.*

Eh! oui, je me souviens d'avoir mangé une matelotte sous cette treille là.

JEAN, *accourant.*

Seigneur Arlequin, des escamoteurs qui passent par ic demandent humblement à vous escamoter quelque chose...

PALMIRE.

Qu'ils viennent! ils seront bien reçus.

ARLEQUIN.

Mais je ne permets pas.

JEAN.

Les voici...

SCÈNE XX.

LES MÊMES, AZOLIN ET MERCURE *en escamoteurs.* Quatre autres Escamoteurs. (*Ils ont une barbe et portent chacun une petite table.*)

AZOLIN.

Place, place, messieurs, mesdames.

MERCURE.

AIR *du vaudeville de Fanchon.*

Avec beaucoup de grace,
Par un tour de pass' passe,
Charmer des curieux
Les yeux.
Sans que cela paraisse,
Tromper toujours les spectateurs,
Voilà, voilà l'adresse
Des p'tits escamoteurs.

TOUS.

Voilà, etc.

AZOLIN.

Par l'intrigue et l'audace,
Et par mainte grimace,
Auprès des grands tromper,
Ramper.
Escamoter sans cesse
De l'or, des places, des honneurs,
Voilà, voilà l'adresse
Des grands escamoteurs.

TOUS.

Voilà, etc.

ARLEQUIN.

Avec de la magie,
Et très-peu de génie,
Toujours un opéra
Ira.
Escamoter la pièce,
En endormant les spectateurs,
Voilà, voilà l'adresse
De nos escamoteurs,
Auteurs.

TOUS.

Voilà, etc.

(*Les escamoteurs placent leurs petites tables sur une seule ligne.*)

AZOLIN, *frappant avec sa baguette sur la ligne.*

Attention, messieurs et mesdames, vous allez voir du neuf et du nouveau.

ARLEQUIN

Diable! ça ne se voit pas tous les jours, ici.

MERCURE. *bas à Azolin.*

Songe à t'y prendre bien adroitement.

AZOLIN.

(*Bas.*) Oh! soyez tranquille, vous allez voir. (*Haut.*) Qu'est-ce qui à une clochette?

ARLEQUIN.

Moi.

PALMIRE, *à part.*

Ils sont aussi malins l'un que l'autre.

AZOLIN.

Donnez-moi votre clochette.

ARLEQUIN.

Et pourquoi ça, s'il vous plaît?

AZOLIN.

C'est pour vous faire un tour.

ARLEQUIN.

A la bonne heure, voilà une raison.

AZOLIN.

Je pourrais vous la faire mettre sous ce chapeau .. pour la faire passer sous celui-ci... puis sous celui-là... puis sous ces autres, et enfin sous le mien... Mais à quoi ça servirait-il... Le tour que je vais vous faire est beaucoup plus simple; donnez.

ARLEQUIN, *donnant la clochette.*

La voilà.

AZOLIN, *la mettant dans sa poche.*

Le tour est fait.

ARLEQUIN.

Comment! le tour est fait.

AZOLIN.

Je suis Azolin.

PALMIRE.

Il est Azolin!

CHOEUR GÉNÉRAL.

AIR : *Quoi! c'est Félix!*

Ciel! Azolin! Azolin!
Ah! qu' c'est fin!

ARLEQUIN.

Que l' tour est malin!

Azolin! oh!!! sangodémi!

MERCURE.

Je suis Mercure.

ARLEQUIN.

Mercure !

MERCURE.

Attendez que j'ôte ma barbe. Tu m'as offensé, je me suis vengé.

AZOLIN.

AIR : *On y va.*

Ma petite Palmire,
Je te retrouve enfin.

PALMIRE.

Tout ce que je désire,
C'est mon cher Azolin.

AZOLIN.

Vers maman courons vîte.

PALMIRE.

Vîte, allons vers papa.

(*Azolin agite la clochette; elle ne sonne plus.*)

AZOLIN.

Vainement je l'agite.

Ah ! mon dieu ! le battant est perdu....

LUCIFER, *paraissant.*

C'est égal, j'entends toujours.

Me voilà, me voilà.

AZOLIN.

Vainement je l'agite,
Et pourtant te voilà.

LUCIFER.

Me voilà, me voilà.

AZOLIN.

Sonnons pour faire venir maman et le grand sultan.

(*Il sonne avec la baguette d'escamoteur.*)

LUCIFER.

Les voilà !

ARLEQUIN, *regardant.*

Oh ! oh ! ils arrivent dans le bateau à vapeur... Ma femme doit y être... Justement la voici.

SCÈNE XXI.

Les mêmes. (*Un bateau à vapeur paraît sur la Seine, il porte le grand Sultan, Nouréda, Colombine et les personnages qui ont paru.*)

CHOEUR.

Air *du branle sans fin.*

Gloire au seigneur Azolin !
Gloire au Sultan, son beau-père !
Gloire à sa très-chère mère !
Gloire à tout le monde enfin.

AZOLIN.

A présent retournons à Paris.

ARLEQUIN.

Un instant, seigneur Azolin... je vous pardonne ce que vous venez de faire ; quoique ça ne soit pas très-bien, je veux vivre en paix avec vous ; mais rendez-moi un service.

AZOLIN.

Volontiers.

ARLEQUIN.

Je suis inquiet sur la pièce nouvelle du vaudeville... Il est neuf heures... Elle est bien près de finir, obligez-moi de transporter la salle ici pour voir si elle réussit.

LUCIFER.

On ne peut pas lui refuser ça.

AZOLIN.

Ah ! non. (*Il sonne.*)

(*Lucifer fait un signe.*)

ARLEQUIN, *fermant les yeux.*

Est-ce fait ?

AZOLIN.

C'est fait.

ARLEQUIN.

Oh ! sangodémi, que de monde ! Mon ami, je tremble ; je ne vois pas M. l'Assurance.

L'ASSURANCE, *dans une baignoire du parterre.*

Rassurez-vous, rassurez-vous, je suis là ; bravo ! bravo ! ça va bien ! Nous allons demander l'auteur après le vaudeville.

VAUDEVILLE.

AIR *connu*.

JEAN.

Un' Clochett'. met Paris à Pékin,
L'Opéra dans un' tonne.
Pour faire merveilles ça prouve ben
Que rien ne vaut c' qui sonne.

AZOLIN.

De la Clochette, si jusqu'ici
Le succès vous étonne,
C'est que toujours on a réussi
Avec un nom qui sonne.

MERCURE.

Désirez-vous que d'amis toujours
Votre maison foisonne,
Faites que du dîner, tous les jours,
Chez vous la cloche sonne.

COLOMBINE.

Cessez, Monsieur, cessez, dit Agnès,
Ou je sonne ma bonne.
C'est que sa bonne est sourde et jamais
N'entend quand on la sonne.

PALMIRE.

On dit qu' l'esprit, l'goût, l'naturel
N'attirent plus personne.
Pourtant aux Machabés, grâce au ciel,
Tous les soirs l'argent sonne.

LUCIFER.

Si le Français dort sous l'olivier
Dont la paix l'environne,
Il suffira pour le réveiller
Que la trompette sonne.

ARLEQUIN, *au public*.

Cet ouvrage est sans doute imparfait,
N'en prévenez personne;
Il cloche un peu, mais qu'est-ce que ça fait,
Si la recette sonne?

(*Les acteurs vont se retirer.*)

L'ASSURANCE (*toujours dans la Salle*).

Un moment, Messieurs, un moment, j'ai à vous parler.. Rassurez-vous, rassurez-vous. M. le chef d'orchestre, donnez-moi le ton... en SI BÉMOL, s'il vous plaît!

AIR *de la Partie Carrée.*

Le Vaudeville, enfant malin, folâtre,
Pour nous plaire s'est mis en frais,
Et vos *machines* du théâtre,
Vous assurent un grand succès.
Elles allaient très-bien, la chose est claire;
Mais, Messieurs, convenez ici,
Que mes *machines* du parterre,
Allaient fort bien aussi!

FIN.

AVIS.

Pour que cette édition soit absolument conforme à la représentation, on va indiquer de quelle manière la Scène 13 se joue à présent.

A la huitième représentation, M. GONTHIER, qui est si comique et si original dans le personnage de *Milord Desguinées*, a beaucoup ajouté à la gaîté de son rôle, en y introduisant d'une manière très-heureuse *la Fable du Corbeau et du Renard*, arrangée en baragouin anglais.

Cette nouvelle saillie a singulièrement diverti le Public.

Voici comment elle est placée :

Lorsqu'on est arrivé à ces mots :

Jé avais été dans lé DEGRINGOLAGE pour toujours recommencer.

COLOMBINE.

C'est faux.

DESGUINÉES.

Cé était vrai.

ARLEQUIN *s'adresse à Desguinées et reprend :*

Ah ça! est-ce que vous ne pouvez pas parler sans avoir toujours le dictionnaire à la main ?... avec votre baragouin!

DESGUINÉES.

Au contraire; moi beaucoup fort pour parler avec lé dictionnaire dans lè poche. Volez-vous que jè disais quelque chose à vos par le cœur?... Vos allez voir. *(Il remet le dictionnaire dans sa poche.)* Volez-vous un conte, un petit fèble? Tenez, voilà LE FÈBLE DU CORBIAU ET DU RENAIRD, PAR M. FONTAINE. *(Il récite.)*

Maître Corbiau, sur un arbre assis, il téné un fromège de CHESTER dans lè bouche à loui;.... maître Renaird par l'odeur veniou là, il lui téné un peu dè près cette discours :... Bonjour, monsieur Corbiau! comment est-ce que cè été que poortez vous? Goddem! que vos étez belle! Sans mentir, si votre chanson il ressemble à votre ploume, vos étiez UN FORT JOLI GENTLEMEN!

Le Corbiau EXIMILICH, fort contente de cetté..... il ouvré

le bouche à loui, et le fromège il tombé!... Le Renaird il santè dessious, et mangé le fromège tout de suite.

Le corbiau, honteux et confuse, il juré, mais un piou trop taird, qu'on ne prendrait le fromège à loui..... plus jémais!...

Le morelité du fèble ce été le fromège.

ARLEQUIN.

C'est fort bien, si vous voulez, monsieur milord; mais cela ne me dit pas tout ce que vous avez fait avec ma femme!

DESGUINÉES.

Ah! ah! J'ai étais allé ensuite pour lè petite Clochette dans le théâtre FAIT-DE-L'EAU, où mèdème l'Ouverture, etc. etc.

(*On continue la Scène, voyez pag.* 30.)

FIN.

www.ingramcontent.com/pod-product-compliance
Lightning Source LLC
LaVergne TN
LVHW020242230826
846091LV00006B/2223
9782019979133